※일러두기
생태학은 생물학의 한 분야로, 다양한 생물과 환경, 생태계를 건강하게 유지하는 방법을 연구하는 학문입니다.

하루 동안 떠나는 생태학 여행

생태학이 정말 우리 지구를 지킨다고?

마리엘라 코간, 일레아나 로테르스타인 글 | 파블로 피시크 그림

윤승진 옮김 | 박병상 감수·추천

찰리북

Ecología hasta en la sopa

Text by Mariela Kogan and Ileana Lotersztain
Illustrations by Pablo Picyk © ediciones iamiqué, 2015
All rights reserved.
Korean translation copyright © Charlie Book, 2016
Korean translation rights arranged with ediciones iamiqué through The ChoiceMaker Korea Co.

이 책의 한국어판 저작권은 초이스메이커코리아를 통한 저작권사와의 독점 계약으로 찰리북에 있습니다.
신 저작권법에 의해 한국 내에서 보호를 받는 저작물이므로 무단 전재와 복제를 금합니다.

하루 동안 떠나는 생태학 여행
생태학이 정말 우리 지구를 지킨다고?

1판 1쇄 발행 | 2016년 4월 18일
1판 4쇄 발행 | 2021년 4월 5일

글 | 마리엘라 코간, 일레아나 로테르스타인 **그림** | 파블로 피시크 **옮김** | 윤승진 **감수·추천** | 박병상
펴낸이 | 박철준 **편집** | 안지혜, 한귀숙 **디자인** | 꽁 디자인
펴낸곳 | 찰리북 **등록** | 2008년 7월 23일 (제313-2008-115호)
주소 | 서울시 마포구 동교로18길 33, 201 (서교동, 그린홈)
전화 | 02)325-6743 **팩스** | 02)324-6743 **전자우편** | charliebook@gmail.com
블로그 | blog.naver.com/charliebook **인스타그램** | instagram.com/charliebook_insta
ISBN 978-89-94368-45-0 73470
    979-11-6452-015-2 (세트)

※ 잘못된 책은 구입하신 곳에서 바꾸어 드립니다.
※ 이 책의 국립중앙도서관 출판시도서목록(CIP)은 서지정보유통지원시스템 홈페이지(http://seoji.nl.go.kr)와
   국가자료공동목록시스템(http://www.nl.go.kr/kolisnet)에서 이용하실 수 있습니다.(CIP제어번호 : CIP2016007550)

어린이제품특별안전법에 의한 제품 표시	
제조사명 찰리북	전화번호 02-325-6743
제조국명 대한민국	주 소 서울시 마포구 동교로18길
사용연령 만 9세 이상 어린이 제품	33, 201 (서교동, 그린홈)

감수자의 글

생태계가 건강해야
우리도 건강하게 살 수 있어요!

생태계는 수많은 동물과 식물이 함께 사는 세상입니다. 생태계에서 더 중요한 생물은 없습니다. 서로가 있기에 생태계가 유지되는 것이지요. 겉으로 보기에 생물들은 먹고 먹히지만 이것은 서로 돕는 현상입니다. 죽은 생물이 썩은 자리에서 씨앗이 싹트는 것처럼 생물은 죽으면 다른 생물이 되기도 하지요. 이렇게 생태계는 건강하게 돌아가고 있습니다. 넘치거나 모자라지 않게 세상을 유지하면서요.

나무가 많고 온갖 동물과 식물이 함께 사는 아마존 같은 열대 우림만이 아닙니다. 모래바람이 거세고 불같이 뜨거운 사막에도, 사람이 찾아가기 어려운 북극과 남극에도, 바다 깊은 곳에도, 높은 산꼭대기에도 생물들이 살고 있고, 덕분에 사람들도 건강하게 살 수 있습니다. 우리가 사는 마을, 슈퍼마켓, 공원에서도 그 사실을 알 수 있어요. 하지만 혼자만 잘 살려는 욕심이 생기면서 사람들은 생태계의 건강을 외면했습니다.

침입자들이 약한 생태계를 위협합니다. 황소개구리와 외래 물고기가 늘어나자 우리 자연이 쓸쓸해졌습니다. 일본과 미국은 가물치와 잉어가 늘어나면서 골치를 앓고 있다고 합니다. 농업도 마찬가지입니다. 주변의 동물과 식물을 전혀 생각하지 않는 사람만을 위한 농업은 다양한 생물이 함께 살던 생태계를 단순하게 만들었고, 사람들까지 위험에 빠뜨렸습니다. 생태계를 생각하는 유기 농업이 그리운 이유입니다.

욕심 많은 개발은 수많은 동물과 식물의 집을 빼앗았고, 지구 곳곳에 썩지 않는 쓰레기가 넘치게 만들었습니다. 더워진 지구에는 사막이 늘어납니다. 이상한 날씨가 계속 이어지고, 전염병은 훨씬 무서워졌습니다. 내일도 건강하게 살고 싶지요? 그렇다면 약해진 생태계를 건강하게 만들어야 합니다. 그러자면 생태계가 무엇인지 먼저 알아야겠군요.

여기 친절한 생태학자가 있습니다. 그의 손을 잡고 주변과 자연을 살펴볼까요? 관심을 가지면 생태계가 아파하는 소리를 들을 수 있답니다. 생태계가 아픈 이유를 알면 사람들이 욕심을 거둘 수 있겠지요? 바로 우리의 내일을 위한 일이니까요.

— **박병상** (인천 도시생태·환경 연구소 소장)

시간	질문	쪽
14:00	물건은 무엇으로 만들어졌을까?	10
14:30	물건이 클수록 천연자원이 더 많이 필요한가요?	12
14:45	소음은 우리에게 어떤 영향을 미칠까?	14
15:00	공원은 왜 있다고 생각하니?	16
16:00	지구에는 얼마나 많은 생물이 살고 있을까?	18
16:30	생물이 멸종하면 어떻게 돼요?	20
17:00	생태계 교란 생물이 뭐예요?	22
17:30	유기농 식품이 뭐예요?	24
17:45	어째서 수박을 일 년 내내 먹을 수 없는 거죠?	26
18:00	책임감 있는 소비자가 된다는 것은 무슨 뜻일까?	28
18:15	왜 비닐봉지를 안 쓰세요?	30
18:30	자동차가 뿜어내는 연기는 어디로 갈까?	32
18:40	온실 효과가 뭐예요?	34
19:00	지구 온난화가 심해지면 어떻게 될까?	36
19:15	왜 전기를 아껴야 하는지 아니?	38
19:30	세상의 쓰레기를 크게 두 종류로 나눌 수 있다는 걸 아니?	40
19:45	왜 재활용을 해야 해요?	42
20:00	물은 왜 아껴야 할까?	44
20:45	물은 어떤 과정을 거쳐 우리 식탁에 도착했을까?	46
21:30	지구를 돌보는 사람은 누굴까?	48
22:00	생태학은 우리가 먹는 찌개에도 들어 있으니까요!	50

안녕!

내 이름은 마리엘라예요. 생태학에 관심이 많은 생물학 박사랍니다.
지금부터 얼마 전에 내가 겪은 일을 이야기해 줄게요.

하루는 조카인 소피아와 비올레타가 우리 집에 놀러 왔어요.
조카들에게 장래 희망을 물어보니 한껏 들떠서는
생태학자가 될 거라고 하지 뭐예요.
우리의 소중한 지구를 보살피고 싶다면서요.
그래서 나는 조카들에게 말해 주었어요. 지구를 보살피는 일을
하기 위해 어른이 될 때까지 기다릴 필요는 없다고요.
나는 생태학이란 우리뿐만 아니라 모든 생물의 삶과
관련이 있다는 것을 조카들에게 보여 주기로 했어요.

그렇게 우리의 오후가 시작되었답니다.

14:00 천연자원

생태학에 대해 이야기를 나누기 전에
나는 조카들에게 우리 주변에서
자연과 관계없는 것을 찾아보라고 했어요.
그랬더니 조카들은 컴퓨터와 텔레비전,
신발 등을 가리키더라고요.
본격적으로 대화를 이어 가기 위해
나는 조카들에게 힌트가 될 만한
질문을 던졌어요.

"물건은 무엇으로
만들어졌을까?"

> 어떤 물건은 돌이나 쇠, 모래, 나무, 목화, 양털, 가죽처럼 자연에서 바로 얻을 수 있는 재료로 만들어졌어. 이렇게 자연에서 바로 얻을 수 있는 재료를 천연자원이라고 해. 반면 유리, 종이, 플라스틱처럼 자연에서 바로 구할 수 없는 재료로 만들어진 물건도 있어. 그런데 이런 물건들에도 천연자원이 들어간다는 사실을 알고 있니? 유리를 만들려면 모래가 필요하고, 종이를 만들려면 나무가 필요해. 그리고 플라스틱을 만들려면 석유가 필요하지. 자연에서 바로 얻을 수 없는 재료에도 이미 천연자원이 들어 있는 거야. 즉, 우리가 사용하는 물건을 만들려면 적은 양이라도 반드시 천연자원이 필요하다는 뜻이지."

장난감은 무엇으로 만들어졌을까?

오래전에 죽어 땅에 묻힌 동물과 식물이 오랫동안 열과 압력을 받으면서 석유가 되었어요. 땅과 바다 깊은 곳에 있는 석유를 뽑아내어 페인트, 세제, 화장품 등을 만들지요. 특히 석유로 플라스틱을 많이 만들어요. 우리가 가지고 노는 인형, 장난감이 플라스틱으로 만들어지기 전에는 석유였고, 그보다 더 오래전에는 동물과 식물이었다니 놀랍지 않나요?

목화 → FIG. 5

14:30
물건을 만드는 데 필요한 재료

모든 물건이 자연에서 비롯되었다는 말을 듣고 소피아는 한참 동안 생각에 잠겨 있다가 이렇게 질문을 했어요.

"물건이 클수록 천연자원이 더 많이 필요한가요?"

"건물이나 비행기처럼 큰 물건을 만들려면 천연자원이 많이 필요해. 그렇지만 물건의 크기가 클수록 그것을 만드는 데 필요한 천연자원의 양이 많아진다고 할 수는 없어. 왜냐하면 물건을 만드는 데 드는 재료의 양만 생각하면 안 되거든. 포장, 운반, 폐기물 처리 등 전 과정에서 사용된 모든 재료를 다 생각해야 해.
예를 들어, 10그램짜리 반지를 만드는 데 필요한 금을 얻으려면 산에서 3,500킬로그램짜리 돌덩어리를 옮겨야 한다고 해 보자. 반지를 만드는 데 필요한 금은 10그램이지만 3,500킬로그램짜리 돌덩이를 옮기기 위해서 더 많은 재료가 사용되지. 큰 돌을 부수기 위해 사용하는 드릴을 만들 때 쓰인 재료, 돌을 옮길 차를 움직이게 하는 석유 같은 것들 말이야. 반지라는 작은 물건 하나를 만드는 데 믿기 힘들 만큼 많은 양의 재료가 필요할 수 있다는 거지."

생태적 배낭

생태적 배낭이란, 물건이 만들어질 때부터 수명을 다할 때까지 필요한 모든 천연자원을 배낭에 넣는다고 생각하고, 그 배낭의 무게를 잰 거랍니다. 물건을 만들고, 포장하고, 운반하고, 사용하고, 마지막으로 폐기하는 데 사용되는 모든 천연자원의 양을 뜻해요.

우리 주변에서 흔히 볼 수 있는 물건의 생태적 배낭

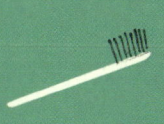    

칫솔:	휴대폰:	커피메이커:	노트북:	자동차:
1.5kg	75kg	285kg	1,500kg	15,000kg

14:45 소음이 우리에게 미치는 영향

비올레타가 공원에 놀러 가자고 해서 함께 집을 나섰어요. 공원으로 가는 길은 자동차들이 울려 대는 경적 소리로 무척 시끄러웠죠.
그것을 보고 나는 조카들에게 소음에 대해 이야기해 주어야겠다고 생각했어요.

"소음은 우리에게 어떤 영향을 미칠까?"

"대도시에서는 소음 공해가 점점 심각해지고 있어. 소음의 원인은 매우 다양해. 자동차와 오토바이에서 나는 엔진 소리, 건설 현장에서 나는 기계 소리, 피시방과 오락실에서 새어 나오는 소리, 하늘을 날아가는 비행기에서 나는 소리…… 정말 셀 수 없이 많아! 우리는 이런 소음을 대수롭지 않게 여기지만, 소음이 있는 환경에서 오랫동안 있으면 청력이 나빠지거나 집중력이 떨어지는 등 건강에 이상이 생길 수 있단다. 소음에서 완전히 벗어날 수는 없지만, 소음이 적은 환경을 만들어 스스로를 보호할 수는 있어. 텔레비전과 컴퓨터 소리를 적절히 유지한다든지 시끄러운 장소에서 너무 오래 머무르지 않는다든지, 그런 방법들을 통해서 말이야."

시각 공해도 무시할 수 없어요!

우리는 거리에서 전선과, 도로 표지판, 거대한 간판 등 시선을 끄는 것들을 쉽게 볼 수 있어요. 그런데 이런 것들이 거리나 건물의 아름다움만 해치는 게 아니에요. 우리 머릿속에 들어오는 정보가 지나치게 많으면 뇌가 정보를 다 처리하지 못하거든요. 그러면 기억이나 생각을 잠시 동안 하지 못하거나 두통, 불쾌감 등이 생길 수 있어요. 이뿐만이 아니에요. 운전 중에는 집중력이 떨어져 교통사고와 같은 위험한 일이 발생하기도 한답니다.

15:00 공원의 용도

우리는 금세 공원에 도착했어요. 나는 조카들에게 집 근처에 공원이 있다는 건 정말 큰 행운이라고 말하며 질문을 했어요.

"공원은 왜 있다고 생각하니?"

" **녹지***는 운동을 하고 휴식을 취하기에 좋은 장소야. 그런데 녹지가 우리에게 얼마나 중요한 공간인지 아니? 녹지에 있는 식물은 대기 중에 있는 오염 물질과 나쁜 가스를 흡수하고 산소를 뿜어내. 비가 오면 녹지는 물이 넘치지 않도록 빗물을 흡수하지. 그래서 공장이나 아파트를 지으려고 녹지 공간을 없애 버리면 환경 문제가 심각해진단다. 그러니 숲이나 공원을 소중히 생각하고 보호해야 해.
정부가 숲이나 공원을 더 많이 만들고, 원래 있는 녹지를 보호하기 위해 노력하는 것도 그 때문이란다. 정말 중요한 일이지."

*녹지: 풀이나 나무가 많이 자라 있는 곳이나, 도시의 자연환경을 지키기 위해서 풀이나 나무를 일부러 심은 곳을 말해요.

더 많은 공원을 원해요!

세계보건기구(WHO)에서는 한 명이 최소한 9㎡의 녹지를 가지는 것을 권장해요. 그럼 전 세계 주요 도시에 사는 사람들은 한 명당 얼마만큼씩 녹지를 가지고 있는지 살펴볼까요?

쿠리치바(브라질): 52
멕시코시티(멕시코): 28
런던(영국): 27
뉴욕(미국): 23
마드리드(스페인): 14
토론토(캐나다): 12.6
파리(프랑스): 13
산티아고(칠레): 10
부에노스아이레스(아르헨티나): 6
도쿄(일본): 6
베이징(중국): 4.7
서울(대한민국): 4.5
이스탄불(터키): 2.6

16:00 지구에 살고 있는 생물의 수

나는 조카들에게 공원에서 살고 있는 동물과 식물을 하나씩 말해 보자고 했어요. 하지만 시작해 보니 동물과 식물이 너무 많아서 끝나기도 전에 모두 지쳐 버렸지 뭐예요.
"공원에 살고 있는 생물뿐만 아니라 이 세상에 있는 모든 생물을 말해야 한다고 생각해 봐. 아마 끝도 없을걸!"
재미로 시작한 이야기였지만 나는 조금 더 이야기하고 싶어 새로운 질문을 던졌어요.

"지구에는 얼마나 많은 생물이 살고 있을까?"

" 지금까지 발견된 생물은 약 170만 종이야. 하지만 과학자들은 실제로는 이보다 훨씬 더 많은 수천만 종이 살고 있을 거라고 짐작하고 있어. 이 말은 우리가 앞으로 찾아야 할 생물이 여전히 많다는 뜻이지. 아마 우리가 찾기 전에 멸종해 버릴 생물도 있을 거야.
새로운 생물을 찾는 작업은 엄청난 시간과 노력이 드는 일이니까.
곤충이나 세균, 미생물처럼 매우 작은 생물인 경우에는 더 그렇지.
울창한 열대 우림이나 깊은 바닷속처럼 찾기 힘든 장소에 살고 있는 생물들도 찾기가 무척 어렵단다."

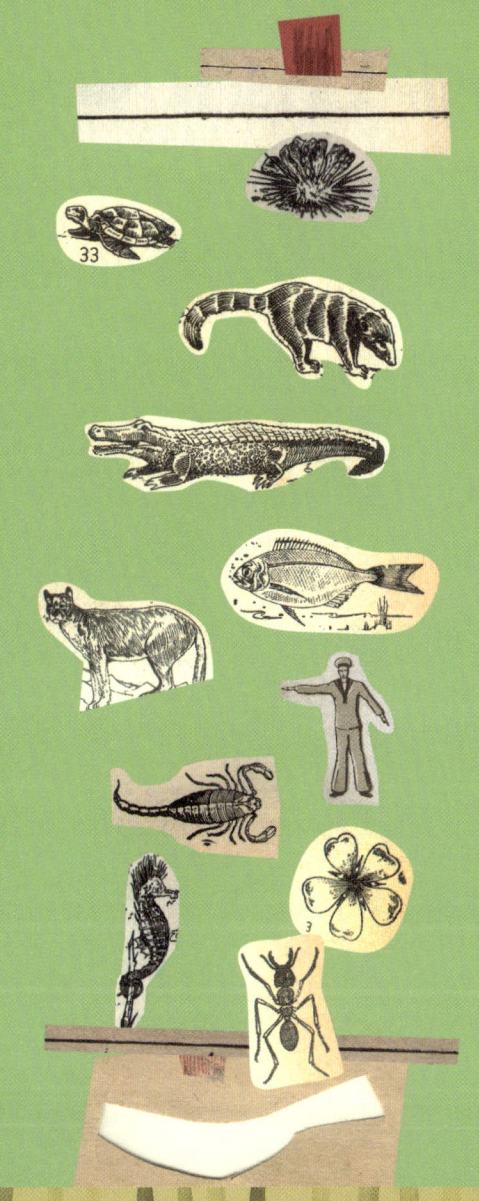

생물 다양성

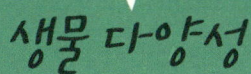

생물 다양성을 지키자!

이처럼 지구에서 다양한 생물이 함께 살고 있는 것을 '생물 다양성'이라고 해요. 우리는 생물 다양성을 지키기 위해 노력해야 해요. 우리가 살아가는 데 꼭 필요한 음식뿐만 아니라 옷과 약, 물건 등을 다양한 생물로부터 얻기 때문이죠.

5월 22일은 세계 생물종 다양성 보존의 날이에요.

16:30　생물과 멸종

소피아와 비올레타는 내 이야기를
듣고 잠시 생각에 잠겼어요.
걱정스러운 표정으로 말이에요.
무슨 생각을 하느냐고 물어보자
비올레타가 답을 하는 대신에
내게 질문을 했어요.

"생물이 멸종하면 어떻게 돼요?"

> 모든 동물과 식물, 미생물은 살아가기 위해 서로 관계를 맺는단다. 그리고 주변 환경과도 관계를 맺지. 주변 환경에서 영양을 공급받고 그것을 분해하고, 또 호흡하면서 말이야. 만약 지구상에 존재하는 생물들의 관계를 화살표로 나타낸다면 화살표를 끝도 없이 그려야 할 거야.
> 그리고 하나의 생물이 멸종할 때마다 화살표로 표시된 관계망의 일부분도 깨지고 말지.
> 예를 들어 설명해 볼게. 벽돌로 된 벽이 있어. 벽을 이루는 벽돌 하나하나가 땅, 물, 태양, 동물, 식물, 미생물 등을 나타낸다고 생각해 보자. 큰 벽에서 벽돌 한 장을 빼 버린다고 해서 벽이 무너지지는 않겠지? 하지만 하나씩 둘씩 자꾸 빼다 보면 벽은 와르르 무너지고 말 거야."

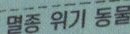
멸종 위기 동물

소중한 생물을 보호해요!

많은 환경 단체가 재규어, 판다, 북극곰, 돌고래를 보호하기 위해 노력하고 있어요. 환경 단체는 환경 보호에 대한 사람들의 관심과 주의를 불러일으키기 위해 이 동물들을 환경 보호의 상징처럼 내세우고 있답니다.
그렇다고 해서 다른 생물이 중요하지 않다는 말은 아니에요. 비록 하나의 생물이라도 보호하려고 노력해 보세요. 그게 지구 환경과 지구에 사는 모든 생물을 보호하는 가장 좋은 방법이 될 수 있어요. 각각의 생물은 거대한 벽을 이루는 한 장의 벽돌 같은 존재이기 때문이에요.

17:00　　생태계 교란 생물

공원에는 작은 앵무새 무리도 있었어요.
소피아와 비올레타는 한동안 앵무새
무리에 정신이 팔려 있었답니다.
그러다가 조카들은 앵무새를 흉내 내기
시작했어요. 나는 그 모습을 보고
조카들에게 그 앵무새가 지구 어딘가에서는
생태계를 교란하는 생물이라고 말해
주었어요. 그랬더니 소피아가 놀란 듯
눈을 커다랗게 뜨고 나에게 물었어요.

"생태계 교란 생물이 뭐예요?"

말썽쟁이가 왔다!

퀘이커 앵무는 남아메리카가 고향인 앵무새예요. 아르헨티나에서는 30여 년 전부터 애완동물로 키워지고 있죠. 그런데 이 퀘이커 앵무는 애완동물로 키워지다가 자연으로 돌아가 버리는 경우가 많아요. 사람의 집에서 살기에 알맞은 동물이 아니기 때문에 스스로 새장을 탈출해 버리거든요. 새장에서 벗어난 퀘이커 앵무는 자유롭게 날아다니며 빠르게 번식해요. 최근에는 농작물에 피해를 입히거나 전깃줄을 차지하는, 말썽쟁이가 되어 버렸답니다.

> 종종 동물이나 식물이 원래 있던 곳이 아닌 다른 장소에서 발견되기도 해. 이런 일은 자동차 바퀴에 씨앗이 박히거나 달팽이가 선박에 붙은 채 바다를 건너는 경우처럼 우연히 벌어질 수 있어. 그런데 일부러 생물이 사는 곳을 옮기는 사람도 있단다. 자신의 집 정원에서 키우려고 식물의 가지를 잘라 오거나, 허락되지 않은 애완동물을 몰래 들여오는 사람들이 그렇지. 그런데 이제 막 새로운 곳에 도착했지만 놀라울 정도로 수가 빠르게 늘어나는 생물이 있어. 새로운 곳에서 쉽게 수가 늘어난다는 것은 번식을 방해하는 다른 생물, 즉 생태 피라미드*에서 보다 높은 곳에 있는 생물이 없다는 뜻이지. 이런 생물을 생태계 교란 생물이라고 한단다. 생태계 교란 생물은 다른 생물을 공격하거나 병을 퍼뜨리기도 하고, 다른 생물이 살던 곳을 차지하기도 해! 그러면 정말 문제가 심각해지지. 국제자연보전연맹(IUCN)에 따르면 이처럼 무서운 속도로 늘어나는 생물이 전 세계에 100종 이상이나 있대. 이 생물들은 환경과 경제에 심각한 영향을 미쳐서 위험한 침략자라고 불리고 있어."

*생태 피라미드: 먹이 사슬에 따라 생물의 수나 양 등을 표시한 것으로, 단계가 위로 갈수록 줄어드는 피라미드 모양이 되어요.

17:30　유기농 식품

공원을 나서면서 우리는 저녁에 맛있는 찌개를 끓여 먹자고 이야기했어요. 그래서 유기농 식품을 파는 가까운 시장으로 조카들을 데리고 갔죠. 조카들은 마치 앵무새처럼 똑같이 질문을 했어요.

"이모, 유기농 식품이 뭐예요?"

"유기 농업이란 농부들이 농사를 지으면서 얻은 지식에 과학 지식을 더하여 먹거리를 생산하는 방식이란다. 농부들의 건강을 보호하고 권리를 존중하는 것을 가장 중요하게 생각하지.
유기 농업 방식으로 농사를 짓는 사람은 크기는 작지만 본인의 땅에서 다른 농부들과 함께 농사를 지어. 그들은 화학 물질로 만든 비료나 농약을 쓰지 않아. 다양한 지역 특산물을 재배하면서 땅과 물을 소중하게 관리하지.
슈퍼마켓이나 백화점에서 파는 화학 비료나 농약을 사용한 먹거리와 달리, 유기농 식품은 환경과 사람에게 피해를 최대한 적게 주는 방식으로 만들어졌어. 그래서 유기 농업 방식으로 재배된 식품은 건강에 더 좋다고 말할 수 있지."

유기 농업

환경 경제

사회 문화

유기농 식품과 친환경 식품은 같은 말?

친환경 식품은 화학 비료나 농약을 거의 쓰지 않고 재배한 농작물로 만들어진 식품을 말해요. 화학 비료나 농약을 사용한 식품에 비해 건강에는 더 이롭고 환경에는 영향을 덜 미쳐서 건강과 환경을 지킬 수 있지요. 한편 유기농 식품이란 건강과 환경뿐만 아니라 사회, 문화, 경제 부분까지 고려하여 만들어진 먹거리를 말한답니다.

17:45 과일을 일 년 내내 재배할 수 없는 이유

소피아가 수박을 사고 싶다고 하자 과일 가게 아저씨가 지금은 수박이 나오는 철이 아니라고 말씀하셨어요. 실망한 소피아가 나에게 물었어요.

"어째서 수박을 일 년 내내 먹을 수 없는 거죠?"

오렌지 굴굴

" 식물마다 자라는 시기와 장소가 모두 달라. 다른 생물처럼 식물도 온도라든지 햇볕의 양, 비가 내리는 양, 흙의 종류와 같은 환경 조건이 갖추어져야 잘 자라거든. 그래서 식물들은 각각 다른 시기에, 다른 장소에서 자라 열매를 맺는 거야.
그런데 요즘에는 겨울에 수박을 먹거나 한국에서 망고를 먹는 등 과거에는 상상할 수 없었던 일들이 벌어지고 있어. 화학제품이나 방부제를 넣어서 저장하는 방식, 냉동 보관, 장거리 운송 덕분에 가능해진 일이지.
그런데 이런 방법들은 환경과 건강에는 나쁜 영향을 미친단다."

가장 알맞은 시기에 수확한 과일과 채소가 더 좋은 이유

➡ 제철에 수확한 과일과 채소는 여느 때 수확된 것보다 영양이 풍부해요. 특히 비타민이 많이 들어 있어서 몸에 좋아요.

➡ 과일과 채소는 운송과 저장 기간이 길면 고유한 맛과 향을 잃게 되요. 제철에 먹어야 가장 맛있게 먹을 수 있어요.

➡ 과일과 채소를 제철에 소비하면 식물의 생활 주기가 지켜지고, 땅의 힘을 유지할 수 있어요. 그리고 화학제품의 사용을 줄일 수 있어 환경친화적이지요. 이뿐만 아니라 에너지도 아끼고 운송할 때 생기는 오염도 줄일 수 있답니다.

18:00 책임감 있는 소비자

우리는 시장에서 나와 슈퍼마켓으로 갔어요. 소피아와 비올레타는 보는 것마다 다 사고 싶어 했죠.
사탕, 스티커, 장난감, 옷, 색연필…….
그대로 두면 슈퍼마켓에 있는 것을 전부 사 달라고 할 것 같아서 얼른 다른 이야기를 시작했어요.

"책임감 있는 소비자가 된다는 것은 무슨 뜻일까?"

사고 싶어
사고 싶어
사고 싶어
이거
저거
저것도

C 뭘 사지?

"어떤 물건이든 만들어지는 과정에서 환경에 영향을 미쳐. 그 말은 우리가 물건을 덜 사는 게 환경을 보호하는 가장 좋은 방법이라는 뜻이지. 그래서 물건을 살 때는 늘 신중하게 생각하고 꼭 필요한 것만 사야 해. 가만히 생각해 보면 우리가 사고 싶어 하는 물건 중에는 없어도 될 물건이 많아. 친구가 갖고 있어서, 화려한 광고를 보고 갖고 싶어서 별생각 없이 사 달라고 조르기도 하잖아.
그래서 물건을 사기 전에 한 번쯤 이런 생각을 해 보면 좋겠어.
'이 물건을 사면 얼마나 자주 쓸까?', '얼마나 오래 쓸 수 있을까?', '사지 않고 빌려 쓸 수도 있지 않을까?', '잘 정리하면서 쓸 수 있을까?', '이 물건을 만들고 포장하는 데 얼마나 많은 자원이 쓰였을까?', '금방 싫증 나면 어떡하지?', 마지막으로 가장 중요한 질문. '정말 필요한 물건일까?"

생각하다

우리가 진정으로 원하는 것은?

여러분 중에는 최근에 어떤 음료수를 굉장히 먹고 싶어 했던 사람이 있을 거예요. 그런데 그게 그 음료수를 마시고 싶었기 때문이었나요. 아니면 포장에 그려져 있는 애니메이션 주인공 때문이었나요? 식품 회사들은 제품의 광고에 인기 있는 이미지를 넣기 위해 어마어마한 돈을 쓴답니다. 그런 투자가 나중에 큰돈을 벌어다 주리란 걸 알고 있기 때문이죠. 여러분은 그런 문제에 대해 생각해 본 적이 없나요?

18:15 비닐봉지가 나쁜 이유

장 본 물건을 계산할 때 점원이 우리에게 물건을 넣을 비닐봉지를 주었어요. 하지만 나는 비닐봉지가 필요 없었어요. 늘 천 가방을 가지고 다니거든요. 천 가방에 물건을 하나씩 담고 있는데 소피아가 궁금해 죽겠다는 표정을 지으며 물었어요.

"왜 비닐봉지를 안 쓰세요?"

"우리는 비닐봉지를 쉽게 쓰고 쉽게 버려. 한두 번만 쓰고 쓰레기통에 넣어 버리지. 이런 비닐봉지 한 장이 완전히 분해되는 데 얼마나 걸리는 줄 아니? 획기적인 방법이 발견되지 않는 한 500년이 넘는 시간이 걸려. 그런데 비닐봉지는 워낙 가벼워서 바람이 불면 이리저리 쉽게 날아가. 들판이나 강, 심지어 먼 바다까지 날아가 버리지. 이렇게 날아간 비닐봉지는 누군가 치우지 않는 한 500년간 그 자리에 쌓여 있게 돼.

오랜 세월 동안 상상할 수 없이 많은 양의 비닐봉지가 여기저기에 쌓였어. 지구 곳곳에 쌓인 비닐봉지 무더기들은 물고기와 새, 거북이, 바다의 포유류를 위협하고 있지. 동물들이 비닐봉지 그물에 갇혀 움직이지 못하거나, 비닐봉지 뭉치를 먹이로 혼동해서 삼켜 버리는 경우가 많거든. 그러면 비닐봉지가 소화되지 않아서 동물들이 아파하다가 죽게 된단다."

거대한 쓰레기 섬

몇 년 전, 북태평양을 건너던 배가 늘 다니던 길에서 벗어나는 사고가 일어났어요. 얼마나 놀랐던지!
사고가 일어난 건 엄청난 양의 비닐봉지와 병뚜껑, 유리병 조각, 포장지 등의 쓰레기가 뭉쳐져 있는 무더기에 배가 부딪혔기 때문이었죠.
그 쓰레기 무더기는 너무 거대해서 섬이라고 해도 믿을 정도였어요.
이 사고가 일어난 뒤, 과학자들은 남태평양, 북대서양, 남대서양, 인도양을 돌아다니며 거대 쓰레기 무더기를 네 개나 더 찾아냈어요. 이러한 거대 쓰레기는 바다에서 바닷물의 흐름과 바람을 타고 흘러 다니던 쓰레기들이 바닷물의 흐름이 약하고 바람이 없는 곳에 도착하면서 만들어진 거예요.

18:30 대기 오염

거리로 나가자 자동차 한 대가
시꺼먼 연기를 뿜어내며 지나갔어요.
그 자동차를 보자 소피아는
이런 생각이 떠올랐대요.

"자동차가 뿜어내는
연기는 어디로 갈까?"

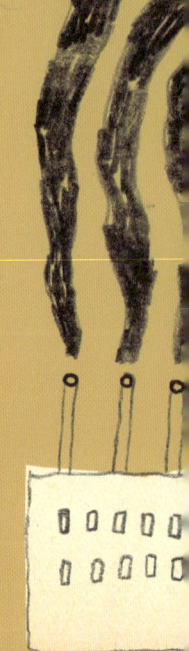

"자동차와 버스, 오토바이는 시동이 켜져 있으면 늘 연기를 뿜어내. 연기가 눈에 보일 때도 있고, 보이지 않을 때도 있지.
연기는 공기 중에 떠 있는 미세한 입자와 가스가 섞여서 만들어진단다.
그런데 자동차나 버스처럼 탈것만 연기를 뿜어내는 게 아냐.
에어컨과 히터 같은 냉난방 장치와 공장에서도 연기가 뿜어져 나오는데 이것이 대기를 오염시키지. 그래서 대도시에 사는 많은 사람이 현기증이나 피로를 느끼고, 목과 눈, 피부에 이상이 생기는 거야.
그렇다면 시골에 사는 사람은 괜찮을까?
그건 아니야. 도시에서 나오는 오염 물질이 바람을 따라 이곳저곳으로 흩어져 지구 전체에 영향을 미치거든."

가장 좋은 곳 VS 가장 나쁜 곳

전 세계 인구의 절반 이상이 도시에서 살고 있어요. 그리고 도시 대부분의 대기 오염 수준은 세계보건기구(WHO)가 권장하는 수준의 두 배가 넘어요.
대기 오염이 가장 심각한 도시로는 인도의 델리, 중국의 베이징, 아랍에미리트의 아부다비, 카타르의 도하, 세네갈의 다카르, 불가리아의 소피아, 터키의 앙카라가 있어요.
이와 반대로 깨끗한 공기를 자랑하는 도시로는 캐나다의 밴쿠버, 덴마크의 코펜하겐, 뉴질랜드의 오클랜드, 호주의 멜버른이 있답니다.

18:40 온실 효과

소피아는 학교에서 지구 온난화에 대해 공부하면서 온실 효과에 대해 알게 되었대요. 잠시 다른 데 정신이 팔려 있던 비올레타도 관심을 가질 만큼 흥미로운 주제였지요.

"온실 효과가 뭐예요?"

> "태양에서 지구의 대기를 지나 우리에게 닿는 빛과 열을 태양 복사열이라고 한단다. 그중 일부분은 땅이나 식물, 바다, 건물 등에 반사되어 다시 우주로 나가고, 나머지는 대기를 만드는 기체에 흡수되지.
> 지구를 거대한 온실이라고 생각해 보자. 지구의 대기가 온실의 유리벽인 셈이지.
> 온실 안은 난방을 하지 않더라도 온실 밖인 우주보다 더 따뜻하겠지?
> 온실 효과는 이산화 탄소 같은 온실가스가 태양 복사열이 지구 밖으로 빠져나가지 못하도록 막아서 지구의 기온이 높아지는 것을 말해. 이러한 온실 효과가 일어나지 않는다면 지구는 지금보다 훨씬 추워져서 우리는 지구에 살 수 없게 될 거야.
> 온실 효과가 지구 평균 기온을 유지시켜 주는 거지."

내 설명이 어려웠는지, 비올레타가 다시 질문을 했어요.
"그래서 온실 효과가 좋다는 거예요, 나쁘다는 거예요?"

> "지난 수십 년 동안 석탄과 석유를 사용하면서 온실 효과를 일으키는 기체의 양이 너무 많아진 것이 문제야. 그 결과 지구의 평균 기온이 올라갔거든. 이런 현상을 지구 온난화라고 해. 지구의 평균 기온이 조금이라도 높아지면, 지구에 사는 생물들에게 매우 큰 변화가 일어난단다."

나무를 베면?

식물은 온실 효과를 줄이는 데 매우 중요한 역할을 한답니다. 식물이 온실 효과를 일으키는 기체인 이산화 탄소를 흡수하기 때문이지요. 그래서 나무를 베거나 숲에 불을 지르는 행동은 온실 효과를 부추기는 짓이나 다름없어요. 나무가 없어진 만큼 이산화 탄소의 양이 많아지고, 나무를 태우면서 또 이산화 탄소가 배출되니 말이에요. 그런데 이게 다가 아니에요. 숲이 파괴되면 숲에 서식하는 다양한 생물은 살 곳을 잃게 돼요.

19:00 지구 온난화와 기후 변화

집으로 가는 길에 우리는 지구 온난화로 인해 일어나는 일에 대해 이야기를 나누었어요. 나는 조카들에게 이런 질문을 던졌어요.

"지구 온난화가 심해지면 어떻게 될까?"

"지구의 평균 기온이 올라가면 남극과 북극을 비롯한 세계 곳곳에 있는 빙하와 눈이 녹아. 빙하가 녹으면 햇빛이 바다로 직접 내리쪼여서 바닷물의 온도도 함께 올라가. 물은 온도가 높아지면 부피도 커지기 때문에 해수면도 점점 높아지지. 그래서 섬과 해안 지역에 사는 사람들은 홍수 등 자연재해를 당할 위험이 크단다.

지구의 기온이 높아지면 자연재해만 발생하는 게 아니라 기후도 크게 변해. 예를 들어 어떤 지역은 비가 예전보다 많이 와서 쉽게 침수되는가 하면 어떤 지역은 비가 거의 내리지 않아서 가뭄에 허덕이게 되지.

기후 변화는 동식물에게 심각한 영향을 미쳐. 환경이 달라지면 생태 주기도 바뀌니 말이야. 지구촌 전체가 비슷한 문제로 고민하고 있는 만큼, 이제는 지구를 위해 행동해야 할 때란다."

우리는 개구리가 아니잖아요!

개구리는 뜨거운 물에 빠지면 살기 위해서 바로 뛰쳐나온답니다. 하지만 차가운 물에 집어넣고 물을 서서히 데우면 전혀 반응하지 않아요. 온도가 올라갈수록 나른해하고 피곤해하다가 물이 뜨거워지면 더 이상 움직이지 못하는 상태가 되어 버리거든요. 개구리 이야기는 우리가 깨닫지 못하는 사이에 나날이 나빠지고 있는 환경을 떠올리게 해요. 더 이상 손을 쓸 수 없게 되기 전에, 어서 빨리 움직이자고요!

아파요

19:15 전기를 아껴야 하는 이유

집에 도착한 우리는 시장에서 사온 물건을 정리했어요. 소피아와 비올레타는 냉장고 문을 열어 둔 채 물건을 어디에 놓을지 고민하더라고요. 너무 오랫동안 냉장고 문을 열어 두는 것 같아서 눈치를 주니까 그제야 꼬마 아가씨들이 냉장고 문을 닫았지요. 그래서 한 가지 중요한 사실을 알려 주기로 했어요.

"왜 전기를 아껴야 하는지 아니?"

"냉장고 같은 전자 제품을 사용하거나 배터리를 충전하는 데 쓰이는 전기는 도시에서 매우 멀리 떨어져 있는 발전소에서 만들어진단다. 발전소는 자연에서 얻은 에너지를 전기 에너지로 바꾸는 시설이지.

최근에는 수력 발전소와 화력 발전소가 가장 중요한 발전 시설로 꼽히고 있어. 수력 발전소는 하천에 있는 물의 힘을 이용해서 전력을 만들고, 화력 발전소는 화석 연료를 태워 생긴 열을 이용해서 전력을 만들어. 하지만 이 두 발전소 모두 환경에 좋지 않은 영향을 미친단다.

수력 발전을 위해서는 엄청난 양의 물을 저장하는 댐이 필요한데, 이 댐으로 인해 강물의 흐름이 바뀌어. 그리고 댐에 저장된 물이 넘치면 엄청난 피해가 발생하지. 댐의 부작용은 이뿐만이 아니야. 흐르던 물이 고이면서 깨끗하게 흐르는 물에 사는 물고기가 자취를 감추는 등 물속 생태계가 단순해지고, 땅속으로 물이 스며들어서 흙이 축축해지기도 해. 댐 주변에 아침저녁으로 안개가 생겨서 주변의 날씨가 변하는 것도 문제야. 특히 겨울에는 무척 추워져서, 추위를 견디지 못하는 식물들은 더 이상 살지 못한단다. 그렇다면 화력 발전소는 어떨까? 화력 발전소는 다시 쓸 수 없는 천연자원을 태워서 에너지를 얻는 시설이야. 그 과정에서 엄청난 양의 온실 가스가 생긴다는 문제가 있어.

그러니까 꼬마 아가씨들, 지구를 지키려면 전기를 아껴야겠지?"

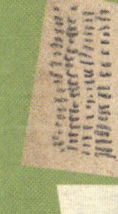

전기를 아끼기 위해 이렇게 해 봐요!

➡ 아무도 없는 곳의 조명 끄기

➡ 텔레비전 안 볼 때 전원 끄기

➡ 컴퓨터를 쓴 뒤 전원 끄기

➡ 냉장고 문을 열기 전에 꺼낼 물건 생각하기

➡ 에어컨은 적정 실내 온도인 26도~28도로 맞추기

➡ 전자 제품을 살 때 전기가 적게 드는 제품 선택하기

19:30 유기성 폐기물과 무기성 폐기물

나는 후식으로 먹을 과일을 손질하면서 과일 껍질은 시간이 지나면 모두 땅으로 돌아간다고 조카들에게 말해 주었어요. 기왕 이야기를 시작한 김에 조카들의 호기심을 자극할 만한 새로운 질문을 하나 던졌죠.

"세상의 쓰레기를 크게 두 종류로 나눌 수 있다는 걸 아니?"

아름답게 하다

" 우리는 매일 쓰레기를 버려. 우리 앞집과 옆집에 사는 사람들도 마찬가지지. 가정집은 물론이고 음식점, 회사, 공장 등 모든 곳에서 쓰레기가 생겨. 매일 수십억 킬로그램의 쓰레기가 쏟아져 나온다면 믿을 수 있겠니? 이렇게 우리가 버린 쓰레기는 유기성 폐기물과 무기성 폐기물로 나뉜단다.

유기성 폐기물은 동물과 식물에게서 나오는 쓰레기를 말해. 과일 껍질 같은 음식물 쓰레기가 유기성 폐기물이지. 이렇게 생물로부터 나온 찌꺼기는 흙에 사는 미생물의 먹이가 돼. 그리고 쉽게 썩기 때문에 몇 주만 지나면 흙의 구성 성분이 된단다.

반면에 무기성 폐기물은 캔과 플라스틱, 유리 같이 여러 물질을 합쳐서 만든 합성물이 버려진 것을 말해. 이런 것은 흙에 사는 미생물의 먹이가 되지 못하고, 엄청나게 오랜 시간 동안 분해되지 않은 채로 땅에 묻혀 있단다."

한 사람이 1년 동안 버리는 쓰레기의 양

미국: 730kg
덴마크: 720kg
독일: 600kg
대한민국: 380kg
일본: 350kg
슬로바키아: 310kg
OECD(경제협력개발기구) 평균: 530kg

쓰레기가 분해되는 데 걸리는 시간

담배꽁초: 10~12년

음료수 캔: 500년 이상

비닐봉지: 500년 이상

유리병: 1000만 년 이상

19:45 재활용

쓰레기에 대해 생각하느라 다들 아무 말도 하지 않았어요.
나는 쓰레기 문제에 대해 조금 더 이야기해 보고 싶어 먼저 말을 했죠.
"그런데 쓰레기는 대부분 재활용할 수 있단다."
그 말을 들은 비올레타가 물었어요.

"왜 재활용을 해야 해요?"

먼저 같은 종류끼리 모아야지!

"재활용이란 다 쓴 물건을 새로운 물건의 재료로 다시 사용하는 것을 말해. 이렇게 하면 쓰레기의 양도 줄일 수 있고, 천연자원과 에너지도 아낄 수 있지. 재활용은 환경 보호의 지름길이야. 종이를 만들기 위해 한 번 쓰고 버린 종이를 재활용하면 멀쩡한 나무를 자르는 것을 막을 수 있지.
재활용할 수 있는 재료는 굉장히 많아. 종이, 유리, 플라스틱 등등. 그런데 재활용할 수 없는 재료도 있어. 그래서 우리가 먼저 해야 할 일은 재활용할 수 있는 재료를 따로 분리하는 거야. 그다음 일은 국가가 해야 해. 우리가 분리한 재활용할 수 있는 재료를 재활용 시설이 있는 장소로 가져가서 새로운 물건을 만들기 위한 재료로 다시 탄생시키는 일 말이야."

이 표시는 무슨 뜻일까요?*

재활용할 수 있어요.

재활용된 재료만으로 만들어졌어요.

* 국제적으로 사용하는 재활용 마크예요.

지구를 보호하기 위한 세 가지 방법(3R)

우리가 버리는 쓰레기 중에 재활용할 수 있는 재료를 모두 다시 사용한다고 해도 여전히 버려지는 쓰레기가 많아요. 그래서 쓰레기의 양을 줄이고 천연자원과 에너지 낭비를 줄이려면 물건을 적게 사는 것이 가장 좋은 방법이에요. 지구를 보호하기 위해 이 세 가지를 기억하세요.

**줄이고(Reduce),
재사용**하고(Reuse),
재활용하기(Recycle)!

** 재사용: 물건을 그대로 또는 고쳐서 다시 사용하는 것을 말해요.

20:00 물을 아껴야 하는 이유

소피아와 비올레타는 찌개에 넣을 채소를 씻었어요. 물을 아끼려고 노력하는 조카들에게 중요한 이야기를 해 주고 싶었어요.

"물은 왜 아껴야 할까?"

"지구에는 엄청난 양의 물이 있어. 지구의 71퍼센트가 물이라니 무척 많은 것 같지? 그런데 사람이 쓸 수 있는 물은 그중 1퍼센트밖에 안 돼. 대부분이 바닷물이거든. 바닷물은 너무 짜서 쓰기가 어려워. 높은 산 위에 있는 만년설과 북극에 있는 빙하도 쓰기 어렵겠지? 그래서 실제로 우리가 쓸 수 있는 물은 아주 적단다. 우리는 이 적은 양의 물을 잘 나눠 써야 해. 많은 사람이 살아가는 데 필요한 최소한의 물도 얻지 못하고 있거든. 우리가 물을 아낀다면 그런 사람들을 도울 수 있어. 미래에 후손들이 마실 물도 남길 수 있단다."

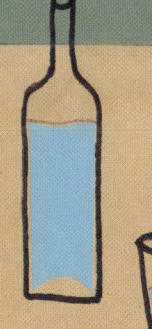

깨끗한 물은 우리의 권리랍니다.

국제연합(UN) 총회는 2010년에 "깨끗한 물은 인간의 권리"라고 인정했어요. 이때부터 각국 정부와 국제기관은 전 세계 사람들에게 깨끗한 물을 충분히 줘야 하는 의무를 갖게 되었죠.

3월 22일은 세계 물의 날이에요.

20:45 물의 순환

드디어 찌개가 완성되었어요!
우리는 식탁에 둘러앉아 저녁을 먹었죠.
맛있게 저녁을 먹으면서도
나는 질문을 멈추지 않았답니다.

"물은 어떤 과정을 거쳐
우리 식탁에 도착했을까?"

46

"물은 여행을 하지. 엄청나게 긴 여행이야. 바다와 강, 호수에 있거나 생물에 포함되어 있던 물은 햇빛을 받으면 수증기로 변해. 그리고 수증기는 대기에서 구름을 만들지. 이렇게 만들어진 구름은 비나 눈이 되어 다시 땅에 떨어진단다. 이렇게 물은 처음 여행을 시작한 바다나 강으로부터 멀리 떨어진 곳에 도착해. 새로운 곳에 도착해서는 강물이 되거나, 식물에 스며들지. 이 물도 또 햇빛을 받아 하늘로 날아가. 그러니까 지구에 있는 물은 모두 같은 물이라고 할 수 있어. 계속 돌고 돌 뿐이지. 절대 여행을 멈추지 않아. 수백 년 동안 계속해서 여행을 하는 거야. 땅에 있던 물이 공기 중으로 증발했다가 다시 땅으로 떨어지는 과정이 반복되는 것을 물의 순환이라고 해. 지금 우리 찌개 그릇 안에 있는 물은 어쩌면 옛날에 공룡의 배 속에 있었거나 구름의 모습으로 중국 하늘을 건너온 물일지도 몰라."

파스타 면은 어디에서 왔을까?

대기 중에 이산화 탄소의 형태로 있는 탄소는 식물의 잎이 되거나 동물의 몸을 이루는 성분이 될 수도 있어요. 파스타 면은 밀가루로 만들고 밀가루는 밀로 만드니까, 파스타 면 속에 들어 있는 탄소는 어쩌면 개미의 몸이나 버드나무의 잎에 들어 있었을지도 몰라요! 어쩌면 그 옛날 나폴레옹의 몸속에 들어 있었을지도 모르죠. 생물에게 새 생명을 주는 자연의 순환, 정말 놀라운 현상이죠?

21:30 지구를 돌보는 사람들

조카들과 함께 후식을 먹는 동안,
꼭 짚고 넘어가야 할 중요한 문제가
내 머릿속에 떠올랐어요.

"지구를 돌보는 사람은 누굴까?"

"누구나 평소에 조금만 노력하면 지구를 지킬 수 있어. 학교에서 지구가 겪고 있는 문제와, 문제를 해결하는 방법에 대해 함께 고민해 봐야 해. 사회단체나 비정부 기구(NGO)*의 활동도 매우 중요해. 그들은 지구를 지킬 수 있는 다양한 방법을 사람들에게 알려 주거든. 하지만 이런 활동들은 인류의 책임이라는 커다란 쇠사슬을 연결하는 작은 고리일 뿐이야. 쇠사슬에서 정말 중요한 역할을 하는 것은 각 국가의 정부지. 정부는 환경 보호에 관한 법을 만들고, 이 법이 잘 지켜지도록 해서 자기 나라의 천연자원을 보호해야 해. 뿐만 아니라 기업들이 제품을 만들 때 환경을 오염시키지는 않는지, 에너지를 아끼는지, 재생 가능한 재료를 사용하는지도 감독해야 하지. 국제기관의 역할도 중요해. 환경 보호에 관한 국가 간의 약속을 이끌어 내고, 국가들이 약속을 지키도록 관리해야 지구 전체를 지켜 낼 수 있단다."

* 비정부 기구(NGO): 정부와 관계된 단체가 아닌 민간 조직으로, 공익을 위해서 활동해요.

지속 가능한 발전

해마다 천연자원과 에너지의 소비가 점점 늘고 있어요. 기술이 발달하면서 우리가 점점 더 많은 물건과 서비스를 이용하기 때문이죠. 하지만 세상이 이런 속도로 계속 발전한다면 지구의 미래는 밝지만은 않을 거예요. 이제 우리는 지속 가능한 발전을 생각해야 해요. 지속 가능한 발전이란 경제를 발전시키면서 지구도 보호하는 것을 말해요. 우리의 후손도 필요한 것을 자연에서 얻을 수 있도록 환경을 보전해 가면서 개발하는 것이지요.

22:00 흥미로운 생태학

저녁 식사는 정말로 맛있었어요. 우리는 하루를 되돌아보면서 즐겁게 저녁을 먹었답니다. 나는 사랑하는 조카들과 하루 종일 생태학에 대한 이야기를 나눌 수 있어서 정말 행복했어요.

나는 뜻깊은 오늘 하루를 기념하자고 했어요.
"아름다운 지구를 위해 건배!"
그러자 소피아도 한마디 거들더군요.
"앞으로 생태학을 열심히 공부하면서 환경을 더 잘 이해하고 보호할 거예요!"
재치 넘치는 비올레타가 마지막을 장식했어요.

"생태학은 우리가 먹는 찌개에도 들어 있으니까요!"

건배!

조금 더 알고 싶다면 다음을 참고하세요

- **초록지팡이** www.keep.go.kr 환경부에서 운영하는 환경 교육 사이트예요. 환경 교육에 관한 정보, 소식을 동영상, 음악, 게임 등으로 다양하게 얻을 수 있어요.
- **케미스토리** www.chemistory.go.kr 환경부에서 운영하는 어린이 환경 교실 사이트예요. 환경과 건강에 관한 내용을 볼 수 있어요.
- **꿈나무 푸른교실** www.e-gen.co.kr 삼성엔지니어링이 운영하는 환경 교육 사이트예요. 국내 최초, 최대의 환경 교육 사이트랍니다.
- **e파란** eparan.or.kr 유엔환경계획(UNEP) 한국위원회와 홈플러스e파란재단이 운영하는 사이트예요. 기후 변화에 대한 내용과 친구들이 그린 환경 그림을 볼 수 있어요.

글 **마리엘라 코간**

생물학 박사이며 내레이터로 일하고 있어요. 어릴 때부터 지구와 환경 보호에 관심이 많았어요. 바다, 하늘, 산 등 자연을 사랑하고 맨발로 걷기, 눈 감고 있기, 심호흡하기 등 자연과 하나 되는 모든 활동을 즐겨요.

글 **일레아나 로테르스타인**

생물학자이자 어린이들을 위한 책을 여러 권 쓴 작가예요. 어렸을 때부터 생물이 관계 맺는 것에 관심이 많았어요. 주말이면 시끄러운 도시에서 벗어나 열린 공간에서 지내는 것을 좋아한답니다.

그림 **파블로 피시크**

디자인을 하거나 그림을 그리는 일, 그리고 물건 만드는 일을 해요. 식물이 위대한 영감을 준다고 생각해서 식물을 돌보고 가꾸는 일을 좋아해요. 늘 자연과 함께하고, 자연에서 배우며, 자연이 베푸는 마술을 감상하는 것을 즐겨요.

옮김 **윤승진**

한국외국어대학교 스페인어과를 졸업한 후 같은 대학 통번역대학원 한서과를 졸업했어요. 현재 한국외국어대학교 통번역대학원 한서과에서 가르치고, 스페인어 전문 번역가로 활동 중이에요. 옮긴 책으로는 『화학이 정말 우리 세상을 바꿨다고?』 『빅토르 발데스, 중압감을 극복하라』 『FC 바르셀로나』 『레알 마드리드』 등이 있어요.

감수·추천 **박병상**

도시와 생태 문제를 고민하고 대안을 찾아 헤매는 '환경 운동을 하는 생물학자'예요. 인하대학교에서 생물학으로 석사와 박사 학위를 받았고, 지금은 도시 속의 녹색 여백을 추구하는 인천 도시생태·환경 연구소 소장으로 일하고 있어요. 쓴 책으로는 『탐욕의 울타리』 『내일을 거세하는 생명공학』 『생태학자 박병상의 우리 동물 이야기』 『동물 인문학』 등이 있어요.

교과 연계

3-1 과학	1. 우리 생활과 물질	14:00	"물건은 무엇으로 만들까?"(10-11쪽)
		14:30	"물건이 클수록 천연자원이 더 많이 필요한가요?"(12-13쪽)
3-2 과학	1. 동물의 생활	16:00	"지구에는 얼마나 많은 생물들이 살고 있을까?"(18-19쪽)
		16:30	"생물이 멸종하면 어떻게 돼요?"(20-21쪽)
	4. 소리의 성질	14:45	"소음은 우리에게 어떤 영향을 미칠까?"(14-15쪽)
4-1 과학	2. 식물의 한살이	17:45	"어째서 수박을 일 년 내내 먹을 수 없는 거죠?"(26-27쪽)
4-2 과학	2. 물의 상태 변화	18:40	"온실 효과가 뭐예요?"(34-35쪽)
		19:00	"지구 온난화가 심해지면 어떻게 될까?"(36-37쪽)
		20:00	"물은 왜 아껴야 할까?"(44-45쪽)
		20:45	"물은 어떤 과정을 거쳐 우리 식탁에 도착했을까?"(46-47쪽)
6-1 과학	2. 생물과 환경	15:00	"공원은 왜 있다고 생각하니?"(16-17쪽)
		16:30	"생물이 멸종하면 어떻게 돼요?"(20-21쪽)
		17:00	"생태계 교란 생물이 뭐예요?"(22-23쪽)
		17:30	"유기농 식품이 뭐예요?"(24-25쪽)
		18:00	"책임감 있는 소비자가 된다는 것은 무슨 뜻일까?"(28-29쪽)
		18:15	"왜 비닐봉지를 안 쓰세요?"(30-31쪽)
		19:45	"왜 재활용을 해야 해요?"(42-43쪽)
		21:30	"지구를 돌보는 사람은 누굴까?"(48-49쪽)
	4. 여러 가지 기체	18:40	"온실 효과가 뭐예요?"(34-35쪽)
		19:00	"지구 온난화가 심해지면 어떻게 될까?"(36-37쪽)
6-2 과학	2. 전기의 작용	19:15	"왜 전기를 아껴야 하는지 아니?"(38-39쪽)
	4. 연소와 소화	18:30	"자동차가 뿜어내는 연기는 어디로 갈까?"(32-33쪽)